Weil eine Welt mit Geschichten eine
bessere Welt ist.

Daniela Neuwirth

Hotelgeschichten rund um die Welt

Life is a story

1. Auflage 2021

Herstellung, Gestaltung und Konzeption:
Verlag story.one publishing - www.story.one
Eine Marke der Storylution GmbH

Gesetzt aus Crimson Text und Lato.

Printed in the European Union.

ISBN: 978-3-99087-533-9

Ein Zimmer auf Zeit, rund um den
Erdball: Vom Excalibur bis zum London
Tower, vom Camping in Italien bis zum
Taj-Mahal-Palace, von Rosis-Alm bis
New York.

INHALT

Jamaikanisches Upgrade

"Da wollte ich immer schon hin.", bedankt sich Lilly herzlich bei ihrer Großmutter, als sie ihr zum Schulabschluss "Gespartes" überreicht, sie damit sofort eine Reise bucht. Sie mag Reggae, sie mag die Karibik, sie mag Strand und Natur. Bei der Ankunft in Negril wird ihr gleich mal mitgeteilt, dass sie ein Upgrade haben wird, denn ein Zimmer mit Meeresblick wurde überraschend frei.

Das Zimmer ist dann auch kein Zimmer, sondern ein geräumiges Apartment mit allem drum und dran, ebenso eigenem Treppenaufgang und breitem Balkon über die gesamte Hausfront. Oft weiß sie gar nicht, was sie noch auf die vielen türkis lackierten Bambus-Tischchen und -Sessel legen soll, um diese in Besitz zu nehmen, das Bad ist groß, der Ventilator über dem großen Bett läuft ständig und weht den feinmaschigen, weißen Mückenschutz-Himmel gegen die großen, doppelten Kopfpolster und das Gemälde von Meer und Schiffen an der Wand.

Sie sitzt schon früh morgens, wenn die Sonne

noch hinter dem Haus liegt, wo sie täglich um 4.30 Uhr leise den Wagen hört, der die Abfallcontainer entleert und die tiefen Stimmen der Rastas, die sich viel zu erzählen haben, am Balkon für einen ersten Orangensaft, um die Zeitung vom Vortag zu lesen, die Stille am Strand vor ihr zu genießen, bevor der erste Hotelmann kommt, um den Sand zu "frisieren", die Auflagen auf den wenigen, exklusiven Liegen zu reinigen, in genaue Reihen aufzustellen.

Das Meer ist intensiv türkisblau, der Sand blendend weiß und fein, die Blätter der geneigten Palmen strahlen in hellem sattgrün, die Sonne irisierend hell-weiss, nicht gelb oder golden, der Himmel jamaicablau, frei von störenden Wolkengebilden, als hätte das Blau ein Monopol auf seine Existenz.

Kurz darauf liegt sie auf dem ruhigen, karibischen Meer mit kaum spürbaren Wellengang am Rücken und sieht nun wiederum auf die Hotelfront und ihren Balkon. Es gibt eine Bestimmung, die besagt, die Häuser dürfen nicht höher, als die größte Palme sein und so sieht der Strand in Negril aus, wie eine einsame, unberührte Insel, an denen einer gerade gestrandet ist, andere Menschen, Wasser und die Reste seines Flugzeuges sucht, bevor er seinem Basketball Augen aufmalt und ihm einen Namen gibt.

"Dieses Apartment ist definitiv für ein Pärchen mit Kleinkind", bestätigt sich Lilly, als sie am großen Rattansofa chillt nachdem sie ihre schon leicht gebräunte Haut mit After-Sun-Lotion gepflegt hat, um nicht in den nächsten Wochen wie ein Stück Filetsteak am Grill langsam auszutrocknen. Die kuschelige Kissen können abgenommen werden, aber der angenehme Luftzug des weißen Holzventilators erreicht sie hier nicht so richtig.

Sie folgt den Reggae-Klängen, die sie neugierig nach unten auf die Veranda ziehen, wo es jamaikanisches Barbecue mit viel roter, scharfer Gemüse-Sauce gibt. Die Frau daneben bietet mit einem großen, breiten Fleischermesser gekappte, grüne Kokosnüsse an, die sich alle durchwegs amerikanische Gäste gern gefallen lassen. "Jah. Maaan."

NEW YORKER
WYNDHAM

Gangsters Paradies

Sie treten in das weltberühmte Plaza, durch dessen öffentliche Bereiche Lilly zumindest einmal schlendern will, weil dort Kevin sich schon einquartiert hat und Trump durch das Filmmaterial als Gast in seinem eigenen Hotel, was sich am goldenen, königlichen Prunk und Protz zeigt, schreitet, ein. Es reicht für einen Drink an der Bar, dessen kleine, weiße Serviette mit goldenem Plaza-Aufdruck dann als Erinnerungsstück in Lillys Tasche kommt. Das New Yorker Luxushotel gibt es seit 1907 - den Central Park 1873.

Die Fahrt mit dem amerikanischen Mietwagen, der gefühlt etwas größer in der Ausführung ist, als die europäische Variante, führt diesmal in die entgegengesetzte Richtung von Manhatten. Gegen Ende des Central Parks häufen sich die halb verfallenen Hochhäuser, aus deren nicht vorhandenem Fensterglas Vorhänge wehen, die Menschen sind nicht hellhäutig, Geschäfte oder Restaurants sind keine mehr zu sehen, auch keine helle Beleuchtung oder Autos.

Sie hat ein komisches Gefühl alleine an der roten Ampelkreuzung zu stehen und drückt die Türschließer nach unten, als sie einen Kopf hinter einem der Vorhänge sieht. "Jetzt fehlt nur noch Gangsters Paradies im Radio.". Ihm macht es nicht so viel aus, weil er die Zugbrücke fokussiert, die sie gleich erreichen werden und über die sie in die Umgebung ausfahren wollen.

Lilly fühlt sich gar nicht mehr so in Freiheit, wie im Zentrum - sie vertieft sich in den Reiseführer, als plötzlich zwei Schwarze an den Wagen kommen, einer läuft gleich weiter zu den Wagen vor ihnen. "Wuh, fahr einfach.". "Wohin denn?". Sie stehen in einer Reihe mit anderen, alle warten, bis die mächtige Brücke befahrbereit ist, eine Überfahrt möglich ist. Der Schwarze, der nicht gerade aussieht, als wolle er einen Blumenstrauß überreichen, klopft am Fenster, macht eine Bewegung mit den Fingern, als möchte er etwas kassieren. Er greift zum Türgriff des Wagens, den Lilly zuvor eingerastet hat - das Letzte, was sie brauchen kann, ist eine Messerstecherei. Sie dürfte nicht mal den Mietwagen fahren hier.

Sie schreit den Typ an, er soll verschwinden. Ihrem Zukünftigen scheint das alles nichts auszumachen, als wäre nichts weiter, gibt er den Gang rein, fährt los, da die Brücke endlich so weit ist.

Die beiden Burschen laufen weg, verschwinden zwischen den Häusern.

Sie freut sich über das gemütliche Zimmer in der wahnsinnig großen Hotelanlage mitten im Nirgendwo. "Könnte Trump gebaut haben.", kommentiert Lilly die protzige Eingangshalle mit Marmor und Gold. Das Zimmer im fast obersten Stockwerk ist klassisch mit beigem Teppich, elektrisch, synthetischen weiß-goldenen Überdecken, die es zwischen den Fingerspitzen heftig schnalzen lassen, die Funken sprühen, wenn man wohin greift. Es ist ein einziger Komplex, hell beleuchtet, im Dunkel der Umgebung.

Lilly lenkt sich mit einem Getränk aus der Minibar mit amerikanischen Magazinen und Pay-TV von der Abgeschiedenheit ab und zum Glück ist sie nicht alleine hier.

Death Valley & Exkalibur

"Auf gehts.". Sie machen sich von LA auf nach LV. Mitten im Death Valley saust eine Düsenjet hinter Lilly vom Berg kommend in einem langgezogenen, erdnahen Bogen über sie hinweg. Der Schall kommt zeitverzögert wie ein Knall in den Gehörgängen an. "Wuhh, was war das?". "F16.", weiß er, kauft an einer einzelnen Tankstelle eine Klapperschlange aus Holz, die sich von selbst bewegt und hält sie direkt vor ihre Hände. "Shit. Muss das sein?". "Ja.", lacht er, springt wieder, vollbepackt mit lecker Naschereien, vier weißen Sandwich mit Schinken, Mais und Ei und einer großen Getränkeflasche für jeden ins Auto.

"Hier leben wohl nur Klapperschlangen und Skorpione - heißt nicht umsonst Death Valley.". Da sie nicht mit dem Mietwagen fahren darf, kann er es genießen am Steuer den langgezogenen Highway entlang, in dem schon David Lynch und so viele andere gefilmt haben. In der Ghost-Town scheint tatsächlich niemand zu leben und Lilly ist das zu gespenstisch, um auszusteigen und Fotos zu machen. "Fahr lieber weiter, wer weiß, wie lange das noch dauert?"

Im "In Flammen stehender Boden" - wie die schon vor 9000 Jahren hier lebenden Indigene diese 3 Millionen Jahre alte Gegend nannten, möchte sie nicht im Dunkeln alleine sein auf dem California Highway 178. Das Badwater Basin liegt 85 Meter unter dem Meeresspiegel und ist der tiefste Punkt in Nordamerika.

Dantes View. Zabriskie Point. Highway 190. 160. Plötzlich taucht ein Flimmern mitten in der Mojave-Wüste auf, je näher sie kommen, desto größer wird das bezaubernde Lichtermeer vor ihnen. Die stundenlange Fahrt auf grauen Endlos-Highways durch sandige Wüste hat das Auge nicht auf so ein helles, farbiges, blinkendes Eye-Candy vorbereitet und die weite, dunkle Leere drumherum lässt die lebendige Oase wie einen funkelnden, dynamischen Schatz wirken, der im Geist explodiert.

Sie nähern sich dem Glitzerwunder und während sie drinnen versinken und ein Teil davon werden, fühlen sich die Erlebnisimpulse gesättigt, zufrieden in den Bann des Lichter- und Luxusglamour gezogen - fast zu konträr zu dem elenden, unfruchtbaren und im Sommer heißesten Gebiet der Erde, durch das sie den ganzen Tag 1000 Meter tiefer unterwegs waren.

Nichts kann sie vom Las Vegas Strip losreißen, bis sie am Ende der City vor einem prächtigen Hotelkomplex stehen, der in der Mitte verspielte mittelalterliche Türmchen hat. "Exkalibur? Da bleiben wir, ich glaube die Aussicht ist grandios von oben.", wünscht sich Lilly. Gesagt, getan und genauso ist es. Das Zimmerfenster liegt Richtung City und die Stadt liegt ihnen zu Füßen.

Im Erdgeschoß und einer Halbetage befindet sich ein Casino, wie es Lilly noch nicht mal in ihren Träumen gesehen hat - nebeneinander am einarmigen Banditen verkneift er sich, der aufreizenden Blondine mit der Bauchtrage Zigaretten abzukaufen und in dem Moment bimmelt Lillys Gerät, die Lampen blinken und vor ihr rattert es ganze, klimpernde Münzberge raus, die das goldene Fach überlaufen lassen.

China Town in San Franzisco

Von Miami geht es nach einem Berg Chicken Wings am Ocean Drive mit Delta-Airlines direkt nach Kalifornien. Gleich am Flughafen im oft erdbebengeschüttelten San Franzisco spricht sie ein Typ mit schulterlangem, mausbraunen Haar, Hippie-Outfit und langem Nagel am kleinen Finger an, ob sie ein Hotel suchen. "Ja, tun wir."

Lilly steckt den Folder für Übernachtungsmöglichkeiten wieder zurück in die Halterung und sie steigen zusammen in einen stilechten, auch mausbraunen Ami-Schlitten, ohne Kopfstützen, ohne Gurte, dafür mit schunkelnder Karosserie und einer riesigen Motorhaube, der sie gleich mal auf 90-Grad-winkeligen und kerzengeraden Straßen, steil bergauf und wieder runter, durch die halbe Stadt fährt - vorbei an den vereinzelten Wolkenkratzern in der City in ein richtiges "Straßen von San Franzisco"-Viertel - China-Town.

Das in die Jahre gekommene Hotel hat Gitter am Lift, das Fenster, durch welches unaufhörliches Geheul der Polizeisirenen dringt, bietet Aussicht in eine Häuserschlucht, wo sich jetzt gleich mal ein Gangster verirren könnte, der vor ein paar Cops davon läuft und auf eine Mauer des nächsten Hauses. "Ok.", sie lässt die Reisetasche und Jacke auf das Bett fallen und will sich erst mal frisch machen. "Hey, guck dir das an."

Die Armaturen am Waschbecken sind links und rechts am Beckenrand angebracht - eine kalt und eine heiß. "Und jetzt?". "Egal, was schauen wir uns noch an heute?", fragt er interessiert. Kurz darauf haben sie sich von China Town zur Lombard Street durchgefragt und festgestellt, dass diese etwas länger ist, als der berühmte, kurvenreiche Abschnitt am Russian Hill. "27 Prozent Steigung.", seufzt Lilly beim Anstieg über die Treppen und fragt sich, wie man hier mit dem Auto oder Bike runterkommen soll - doch wie sie beobachtet, klappt dies tatsächlich und die Aussicht auf die linealgeraden Straßen der Stadt ist fantastisch.

Ein Stück weiter trippeln sie dann die Filbert Street wieder runter, was nicht leicht ist, bei 31 Prozent Gefälle, doch es musste sein, denn diese Straße und effekthaschende Autosprünge hat Lilly in so vielen Action-Verfolgungsjagden in Filmen gesehen. Lilly springt stilecht von außen an die Cable Car, wo schon andere an den Griffen "hingen", wie an einem indischen Zug und die Fahrtluft genießen und sich in Nähe der Bucht bringen lassen.

Dort gibt es ein Waxmuseum direkt an der Fisherman ́s Wharf, wo sie sich lange aufhalten mit allen Superstars, die auf Filmleinwänden zu sehen sind. Im Laden nebenan hält nur er sich länger auf, denn da gibt es Ledergürtel, Lederstiefel und -jacken im Westernstil und als er rauskommt ein paar weniger im Laden. "Passen dir gut, aber jetzt bist du noch größer."

Mit den harten und glänzenden Boots geht's jetzt zurück zu Fuß bis China-Town und das Leder und seine Füße sind garantiert eingelaufen, als sie der Lärm, das Streiten und Herumschreien auf der Straße und so manche Klänge aus Karaokebars `Willkommen` heißen in der Grant-Avenue.

Griechische Wohnhöhlen in Matala

Es ist ihre erste Flugreise nach dem Umzug ins neue Haus und dem dritten Baby. Die Kleine ist nun über ein Jahr, sitzt schon gerne in ihrem Buggy, was die Mobilität mehr und mehr normalisiert, bis sie in etwa 15 bis 17 Jahren selbst auf sich aufpassen kann. Nun ist sie mit ihrem schwarzen Wuschelkopf jedenfalls zufrieden, wenn sie auf der Badedecke sitzt, mit ihrem rotweißen Beiß- und Spielhund die ersten Zähne durchs Zahnfleisch knabbert und ihren Schwestern zusieht, wie sie durch den Mini-Club toben und happy sind mit Basteln, Schwimmen, neuen Dance-Moves, Kindertheater uvm.

Ihre Männer haben sie am Flughafen in Hörsching mit Küssen und Winken verabschiedet, geben sich völlig ihrem Freundinnen- und Mamma-Dasein hin. Lilly lässt sich vom alltäglichen, stimmungmachenden Clubdance anstecken und beginnt ihre Mädchen ins Wasser zu werfen, damit die sie dann mit vereinten Kräften auch ins große Poolbecken mit viel guter Laune rundherum, schubsen.

Clubreisen mit Kindern sind immer eine Erleichterung, inzwischen haben sie sich jedoch schon zwei Verwarnungen eingehandelt und mieten ein Auto, mit dem sie City und Hafen erkunden. Die größte der griechischen Inseln liegt nur 100 Kilometer von Europa, 300 bis Afrika, 180 bis Asien entfernt, ist erdbebengeprüft und "besitzt" sogar ein eigenes Kreta-Zwergmammut.

Außer den anderen 610000 Kretern lebt hier auch Lillys Taufpatin, die Cousine ihrer Mutter, welche nach dem Abitur in Köln einen Rucksack umgeschnallt hat und bis heute auf Reisen ist. Nach Zeiten als Masseurin in Indien und auf einer Berghütte in Innsbruck, mit ihrem Freund in Kanada und Reisen durch die ganze Welt, hat sie sich als Reiseführerin, auf Kreta niedergelassen und hilft auf Tomatenplantagen aus.

Sie wirkt sehr zufrieden, spricht mehrere Sprachen und hat einen dunklen Teint, aber ihr blondes, schulterlanges Haar behalten, kommt mit Minikleid und Sandalen beneidenswert durch ihren Alltag und erzählt von ersten Knochenfunden von Menschen auf Kreta vor 130000 Jahren und einem erhaltenen, in Stein gemeißelten Gesetzestext der Griechen in der Antike.

"Sieht aus, wie eine Filmkulisse.", meint Lillys Tochter als sie zusammen das Kloster Arkadi besichtigen und vor der Kirche anhalten und die Getränke aus dem Kühlrucksack holen. "Apropos Filmkulisse, da muss ich euch etwas zeigen.". Herta entführt sie am nächsten Tag zum Matala-Beach, wo schon in einigen Wochen ein Festival mit Live-Musik und dem Spirit der 60er-Jahre gefeiert wird, wo sich Vietnam-Kriegsverweigerer und Hippies in den Matala-Höhlen eingerichtet haben, sogar Cat Stevens und Bob Dylon waren hier.

"Kann ich gut verstehen.", stellt Lilly aufgrund des tollen Strandes und der ursprünglichen Stimmung neben, ins poröse Gestein der mächtigen Erhebung, wo auch Zeus an Land gegangen sein soll, gegrabenen Wohnhöhlen aus der Jungsteinzeit. Bei soviel Mystik, Göttern und Geschichte will keiner mehr freiwillig in die moderne Club-Anlage.

Walking on Sunshine auf Kos

Zeit für Urlaub. Das Leben ist fix getaktet in Ferien- und Schulzeiten. Es geht jedenfalls nach Griechenland. Lilly hört schon tagelang "Irgendwonn bleib i donn durt, loss olles lign und sten..." und die Koffer sind gepackt. Viel mehr als Bikinis, Kleidchen und Sandalen braucht ja keine. Die Anfahrt nach Wien ist leider fast genau so lange wie der Flug nach Kos.

Beim Anflug auf eine griechische Insel geht einem schon das Herz auf und das intensive Blau der Ägäis verwöhnt das Auge. Die Clubanlage ist paradiesisch und das heißt bei Lilly mit den drei Mädchen mit drei, fünf und sieben Jahren in erster Linie, Sport, schöne Poolanlage, sauberer Strand, viele frische Früchte und Mini-Club.

Sie werden zusätzlich mit zwei sehr schicken Zimmern für alle guten Taten der letzten Zeit belohnt, die ebenerdig umgeben von gepflegtem Grün mitten in der Anlage liegen, nahe Fitness, Pool und Restaurant. "Das glaub ich einfach nicht.", wundert sie sich, als sie am Weg im Leo-Bikini und den geliebten Western-Schlapfen mit dem gemütlichen breiten Absatz vom ausgiebigen Schwimmen zum Buffett schlendert, eine Gruppe von Leuten anspricht, die ebenfalls aus Treffling sind. Es ist ein Lehrer aus der Schule ihrer Tochter.

Lilly wird ausgerufen und zur Bühne gebeten, wo ihre Jüngste in ein Handtuch gewickelt und mit strahlend blauen Augen auf einem Hocker stehend wartet. "Ich sagte doch, bleib auf der Liege.". "Aber ich hab dich gesucht.". Sie trägt ihr Findelkind mit zum Buffett und mietet einen Wagen für die nächsten Tage. "Wir werden morgen die Insel erkunden.", gibt sie abends bekannt, als sie die Einschlaf-Lieder vorsingt und wartet bis zumindest die Kleinste in den Schlafzug gestiegen ist, bevor sie sich mit einem Kos-Büchlein an den beleuchteten Pool zurückziehen will. "Aber da basteln wir noch unser Bauwerk fertig und üben den Club-Dance für die Aufführung."

"Ok. Dann fahren wir so, dass ihr immer von 14-16 Uhr dabei sein könnt.". Sie wirft jeder das dünne, weiße Leintuch über den Kopf, damit sie es wieder wegstreifen müssen. "Das heißt?". "Früh aufstehen!", lacht ihre Mittlere, die gesteht eine 5er-Münze verschluckt zu haben, auf die sie nun gespannt warten müssen.

Am letzten Tag wird aufgeführt, was die Kinder einstudiert haben und spätestens bei "Walking on Sunshine" tanzen auch die Eltern mit, es gibt einen Eisbecher zu gewinnen, wenn man Geburtstag hat - was die Mittlere natürlich hat, obwohl sie ein Dezemberkind ist und zum Abschluß wird auch noch "We are the World" gespielt, was Lilly sentimental werden lässt an diesem wunderbaren Sommerabend in Griechenland.

Minutenknapp bevor eine weitere Woche am Flughafenparkplatz in Wien verrechnet wird, bezahlt Lilly beim Automat und steuert rasch den Wagen unter dem Bügel der Absperrung durch - ab nach Hause. Als sie so auf der Autobahn mit Tempomat dahincriused und die Kids auf den Rücksitzen schlafen, fragt sie sich, warum sie eigentlich nicht am Meer wohnt, wenn sie sich da so gerne aufhält.

Alpenluft bei Rosi

Im Autoradio Eminem und so rasant wie dessen musikalische Wortraps ist der Flitzer auf der schnee- und eisfreien Autobahn mitten in einer verzauberten Schneelandschaft unterwegs. Kitzbühel! Da müssen sie hin - die beiden beliebten High Society-Freaks. Mitten drin, statt nur dabei! ´ist das aktuelle Motto und es flitzt es sich generell zwischen Linz, Wien, Velden, Kitzbühel, Monaco, Frankfurt und Florida hin und her. Quer mitten durch, vor und zurück, auf und ab und das alles wieder von vorne, Tag für Tag, Woche für Woche, Monat für Monat, Jahr für Jahr.

Die Anfahrt zu Rosis Alm, als allerersten Anlaufpunkt ist schnell und sicher geschafft und es breitet sich vor Lillys Augen, nach den ganzen Super-Karosserien auf dem Parkplatz und vorbei an den zahlreichen, einfachen, aber vollbesetzten und hart umkämpften Tischen mit Bänken, ein wunderbares Alpenpanorama unter bestem Winterwetter mit Sonnenschein und keiner einziger Wolke am Himmel aus.

Und da ist sie auch schon: Rosi, sehr musikalisch, und die Stimmung steigt im stilechten Dirndl mit üppigem Dekolletee. "Willkommen!", wird Lilly mit ihrem Begleiter herzlich und stimmungsvoll begrüßt, so als wären sie ein Teil der Familie, die nur aus VIPs und Promis mit stylischem Outfit, Boots und coolen, verspiegelten Sonnenbrillen über teuren Brillis an Ohren, Hälsen, Fingern und Armgelenken. Und das sind sie ja auch. An jedem Tisch sitzt jemand, der grüßt und winkt. Es wird gelächelt, geplaudert, geherzt und gelacht.

Doch wird auch getrunken und gegessen in Rosis Sonnbergstubn, aber in erster Linie der Tag und die Alpen genossen, gelegentlich auch gleich die Business-Termine für die kommende Woche vereinbart. Dies alles geht ganz easy und nebenbei, mit einem Handschlag und Juchee. Alles sind happy, alle sind glücklich und so soll es bleiben. Das Holz mit feinster Schnitzerei und Intarsien ist von der Sonne aufgewärmt und hält die Gäste am schönen Platz fest.

In der guten Stube sind zahlreiche Special-Moments gerahmt und ausgestellt - machen den eigenen Besuch zu etwas Besonderem, weil man wo ist, wo man scheinbar gewesen sein muss, wenn man etwas auf sich hält. Der Weinkeller im Gewölbe bietet alles, was das Herz begehrt und wer nicht mehr fahren mag, hat hoffentlich die Suite 214 gebucht, wo sich ein Whirlpool mit Blick auf die Berge eigen nennt.

Bald steigt die Almrauschparty und dann geht hier die Post ab, garantiert in Lederhose und Jankerl, bzw. sündteurem Dirndl und herzhaftem Ausschnitt, der die roten Lippen lächeln, die weißen Zähne blitzen und die Augen strahlen lässt. Man trifft dann die Leute, die man auch bei den anderen Events trifft, aber in richtig österreichischem Alm-Outfit und es wird geschunkelt, geprostet und gefeiert was die Hütte hält.

Hinter dem schönsten Berggipfel versinkt die Wintersonne in den Abend und es wird augenblicklich kühler. Lilly rutscht auf ihrer Holzbank hin und her und reibt die Oberschenkel bis ihr Begleiter findet, es wird Zeit.

Geheime Clubbings in London

"Seh ich aus wie ein Terrorist?", fragt er sie laut in seinem navigrünen Parka und dem schwarzen Dreitagesbart. Er senkt den Blick und guckt gefährlich. Die Köpfe der anderen Fluggäste in den Sitzreihen rund um ihn drehen sich in seine Richtung - sie dreht ihren dezent weg. "Ja, irgendwie schon.", murmelt sie und fügt laut dazu: "Zum Glück bist du keiner!" und lächelt nach vorne.

"Setz dich einfach.". Das ist dann aber nicht so einfach, wenn man von der Flugbegleiterin zum Ausgang gebeten wird. Lilly rückt an den Fensterplatz und guckt zu Startbahn und der Einstiegstreppe, die schon weggefahren wird. "Idiot, echt.". Sie hat nicht mal die Adresse für das Hotel in London bei sich. Kurz darauf kommt er dann doch wieder in die Sitzreihe zurück - mit dem Parka in der Hand.

Er verstaut seinen Rucksack und den Terroristen-Parka im Gepäckfach und schmunzelt, so wie er es immer frech tut - großgewachsen, schlank, als jüngster von drei Brüdern und Sohn eines rebellischen Hauptschullehrers, der dann als Musiker und Autor berühmt wurde und mit einem minimalen, interessantem südländischem optischem Einschlag. Das Wort Terrorist bei einem Flug nach London im Jahr 2000 zu erwähnen und so zu tun, als hätte man eine Waffe unterm navigrünen Mantel kommt gerade nicht so gut an.

Irgendwann lachen sie ein wenig drüber und als sie dann in London durch die Kontrollen sind und raus aus dem Flughafen richtig viel. "Europe-Tower heißt es also.". Lilly ist gespannt, wohin sie der Taxifahrer bringt. Es geht in ein Viertel, welches überhaupt nicht nach Hotellerie und Tourismus aussieht - sie versucht sich den Weg einzuprägen.

"Das soll es sein?", ruft sie schockiert, als sie vor einem Hochhaus aussteigen, durch dessen nicht vorhandene Verglasung an manchen Fensterluken, weiß-graue Vorhänge wehen. Die Rezeption ist ein rothaariger, dicker, junger Mann mit Schlabberklamotten und zu großen Schlappen. Lilly hält alle ihre Sachen an sich. Die Toilette ist am Gang, der Teppich verdreckt. Sie packt ihren Koffer nicht aus.

"Ich will gleich los.". Sie besichtigen mit richtig viel Spaß und Ausdauer den Buckingham Palace, das Waxmuseum, Trafalgar Square, den Big Ben und sind auf ein Clubbing im Hafen eingeladen, wo durchgefeiert wird, damit sie nicht ins Hotel müssen. Vormittag im Hyde Park mit der Sonne im Gesicht weiter zum Tower, Tower Bridge, Westminster Abbey und Museumstour. Diesen Abend ist keiner in der Halle, wo letzte Nacht gefeiert wurde. Er bekommt eine SMS, dass es in einem anderen Viertel stattfindet. "What? Why? Where?"

Als sie die Halle verlassen, stehen zwei Polizeiwagen gegenüber. Die Police streift mit Taschenlampen durch die leerstehende Fabrik. Er zieht sie nach unten hinter ein Auto. "Pfff. Ich kann nicht mehr.", lacht und zittert sie aufgeregt, wie in einem Thriller. Die Schritte kommen näher. Sie werden befragt und geben sich ahnungslos. Um nicht verfolgt zu werden und die andere Party zu crashen, spazieren sie an der Themse entlang.

Taj-Mahal-Palace

Am Wochenende fahren sie zu einer Ferien-Club-Anlage an den Strand nähe Mumbai. Eigentlich sollte es ein schönes, entspannendes Erlebnis werden mit viel Wellness und ayurvedischen Massagen, doch nach einer halben Stunde Autofahrt durch Müllmeere aus Plastik, Speiseresten, Gummireifen und sonstigem Dreck, auf dem sich Erwachsene und Kinder barfuß und mit schmalen Holzstecken in der Hand, nach etwas Brauch- oder Essbarem suchen, wird Lilly komisch im Bauch und übel.

Es gibt Feuerstellen, wo lebendige Ratten aufgespießt werden. Andre versucht, sie mit britischen Magazinen abzulenken von der miesen Szenerie wie aus Star Wars auf einem Eisen-Gerümpel-Haufen. Zu alledem dringt durch die Lüftung im Fahrzeug bestialischer Gestank, der sich an den Nasen-Schleimhäuten festsetzt. Lilly guckt nach vorne, doch egal wie weit sie fokussiert - nur weite Ebenen aus Müllhalden.

"Da kommen die nie wieder weg.", bedauert sie das Elend dieser Menschen, die auf diesem kilometerlangen Waste ihr Dasein fristen. Die Männer sind mit ausgefransten, knielangen Hosen bekleidet, Kinder nackt, einer trägt eine Decke über den Schultern.

Es meldet sich das Heimweh! Zum Glück erreichen sie die Club-Anlage. Alles ist wieder schön, lange vorher durch saubere, bewässerte Grünflächen angekündigt, einem parkähnlichen Vorgarten mit hohen Mauern darum, halbmondförmiger Zufahrt, einem weiß gekleideten Concierge, Klimaanlage und Springbrunnen.

Es hilft aber kein Plantschen im flach gefüllten, blauen Schwimmbecken mit Mosaikmustern, keine Ölmassagen, sie will an den Strand, wo aber Einheimische kleine Fische zum Trocknen auslegen und an Leinen aufhängen. Andre bespricht sich mit dem Inhaber beim Abendessen, der stellt einen Mini-Helikopter zur Verfügung, der sie im Dunkeln wegbringt. Morgens wacht sie, wieder zurück, in Mumbai Colaba auf - in einem märchenhaften Zimmer des Taj Mahal Palace, kommt sich vor, wie ein Bollywood-Star oder eine indische Prinzessin und das war, bevor sie die Aussicht bemerkt hat.

Von ihrem Fenster aus sieht sie auf das britische Gate of India und genau an diesen fantastischen Platz mit dieser atemberaubenden Aussicht, wird das Frühstück unter einer Silberhaube serviert. "Wir können nicht immer hier bleiben.", erinnert er sie daran, dass dies ein Hotel ist und nicht ein eigener Palast. "Schön wär es aber.". Sie steht im Foyer vor dem Abbild von Tata, dem Erbauer dieses Prunkbaues, der überhaupt erst entstanden ist, weil ihn die Briten schon als etablierten, indischen Industriellen nicht in ihre Räume ließen.

"Sein Nachfolger ist der reichste Mann der Welt, wird aber nicht aufgelistet, weil die verschieden Unternehmen so breit gefächert und gegliedert sind - hab ich gelesen.", referiert Lilly stolz. "Kann sein. Sein Bild hängt überall.". Von außen sieht das Gebäude noch mal imposanter aus. Lilly kann sich kaum losreißen von der überragenden Machtpräsentation Tatas: "Das ist auch Indien."

Camping in Cavallino

"Ich hab ein Zelt besorgt. Wollen wir das mal aufbauen?", fragt Lilly in die Runde, aber außer Samuel meldet sich niemand. "Groß genug, oder?". Die drei Mädchen und Samuel passen auf die mit 5 Personen angegebene Liegefläche und Lilly hat den abgetrennten Eingangsbereich dann für sich zum Schlafen. Die Camping-Ära beginnt und mindestens 2 der Kinder sind nicht so begeistert von der neuen Errungenschaft.

"Es ist aber so viel billiger, man muss nichts fix reservieren und manchmal kommt mir vor, wir sind die letzten die ein Zelt gekauft haben.", versucht sie Überzeugungsarbeit zu leisten. "Und wo waschen wir uns?". "Am Strand gibt es doch Duschen. Außerdem soll es ganz moderne Sanitäranlagen geben."

Vor Ort in Cavallino treffen sie mit einem Jugendfreund und dessen Sohn und Tochter zusammen. "Big Family wird das und sicher lustig.", brieft sie ihre Kinder noch im Auto. Das Wetter ist traumhaft, wie immer in den Sommerferien und die Stellplätze liegen gleich nebeneinander, der tatsächlich hypercleane Waschraum ist auch nicht weit entfernt und auf der Veranda des Restaurants gibt es gleich die erste richtige Pizza, während drinnen Karaoke Stimmung macht.

Erfreulicherweise herrscht eine Grundharmonie zwischen den Kindern. Tretrikscha, Tretboot mitten in einer Quallen-Armee, Parasailing, Sandburgen bauen, Aquasplash, Funpark, wo Samuel von seinem Tickettgewinn überhäuft wird und es gar nicht richtig glauben kann, Karusellspaß, tanzen mit Polterrunden und bei viel Nebel und Laserlicht in den Diskotheken bis es hell wird und mit dem Rad zurückfahren - so sieht jeder normale Ferientag an der italienischen Adria aus.

Diesmal fallen sie aber dann nicht in ein weiches Bett, sondern in den Schlafsack auf einer dünnen Matte auf dem Boden des Zeltes, was bereits nach dem dritten Mal keinen Spaß mehr macht beim Aufwachen und den ersten Bewegungen. "Hallo Eidechse.", grüßt Benita das kleine, flinke, grüne Tier, dass sich durch den Freiraum zwischen Lilly Hals und dem Untergrund schlängelt, weil leider das Vorzelt nicht komplett dicht ist und nur zum Flip-Flop und Taschen abstellen dienen soll.

Mit Handtüchern dichtet sie die Stellen sorgfältig ab und hofft, die nächsten kurzgehaltenen Nächte ohne tierische Besucher zu schlafen. Am letzten Tag ist noch Geld aus dem Reisebudget übrig. Lilly borgt sich einen Buggy aus und flitzt mit jedem Kind einzeln Runden durch die Stadt und auf Wegen durch die Wäldchen - bis ihr ein Italiener mit seinem Geländewagen in der Kurve Teile des Gefährtes abreißt und weiterfährt. Nun soll Lilly den Schaden bezahlen, was sie aber nicht will.

Sie erklärt ihm, dass es nach drei langen und schönen Wochen Zeit zum Nachhause fahren ist und er ihr eine Rechnung der Reparatur schicken soll für ihre Versicherung, was ihm zuerst nicht recht ist und er ihr ihren Führerschein nicht mehr geben will. Erst als er merkt, dass sie auch ohne fahren würde, willigt er ein. "Teurer letzter Tag.", stellt Lilly fest.

Keine Amex auf Kuba

Der längste Anflug bisher für den Fünfjährigen auf den Archipel in den Großen Antillen, außerhalb des klimatisierten Flughafens ist die Luft dicht und heiß. Auf der staubigen Straße laufen Hühner frei herum und sie fangen augenblicklich zu schwitzen an in der Schwüle der Abendstimmung. Er hält sich die Hand vor Mund und Nase und Lilly merkt, dass sie ihn lieber schnell in die hübsche Hotelanlage in Varadero bringt.

Er glaubt ja unbedingt, sie müssen nun in der Karibik ein Schiffs-Wrack finden, da er den Zombie-Horrorfilm "Fluch der Karibik" mit seinem Vater schauen darf - ohne ihr Einverständnis. Alle Erklärungen, dass dieser Film nicht unbedingt in der Karibik gedreht wurde, nur weil er so heißt und dass sie im Mittelmeer ein Schiffswrack wüsste, waren ohne Wirkung.

Eine von drei Wochen Luxus-Hotel all inklusive, doch das Schönste war der puderzuckerweiße Strand, der Himmel über Kuba, das türkise und 26 Grad warme Meer. In dem Moment, als er die weiße Marmorhalle, schicke Luster, edle

Sofas sieht und gekühlte und "saubere" Luft atmet, entspannt sich das kindliche Gemüt. Lilly legt die Pässe und die goldene Amex an die Rezeption, nimmt dafür das Eincheck-Formular. Die Frau dahinter schüttelt streng den Kopf.

"What?", fragt Lilly nach dem langen Flug, mit schwerem Gepäck und viel Sehnsucht nach einer Dusche, Essen, Trinken und Beine ausstrecken. "Wo gehen wir hin?", fragt Sam, als sie mit ihm an der Hand die Treppen runter und die lange Straße entlang eilt. "Zur Bank. Die akzeptieren keine American Express.", ärgert sie sich über ihr eigenes Nicht-Mitdenken und tappt sich kurz an die schweißnasse Stirn.

Vom Balkon des gut gelegenen Zimmers aus, trifft eine farbenfrohe Wassershow mit einem 50er-Jahre-Hollywood-Film-Flair genau ihren Geschmack und sie mischen sich gutgelaunt unter die anderen Gäste mit Barbecue, Cocktails und frisch gepresstem Orangensaft. Die Piano-Klänge, eine Zigarren- und Whiskeylounge mit kubanischen, sehr jungen Tänzerinnen, die mit den Gästen Mambo, Salsa, ChaChaCha tanzen, die Feuer-Shows der Kubaner amüsieren den kleinen Reisenden, bevor sie ihn eingeschlafen an ihrer Schulter zu Bett bringt.

Beim Frühstück findet sie ein Kanadier mit ihrem braunen Bubikopf sehr französisch, die amerikanische Familie wiederum sehr deutsch, obwohl sie aus Österreich ist, die Russin am Strand meint Lilly ist zu liberal, als ihr Sohn mit ihrem nach Schätzen taucht, viel Spaß hat. Lilly wird tatsächlich mit einem goldenen Ohrring als Geschenk belohnt, den ihr kleiner Pirat im bauchhohen, karibischen Meer findet. Der russische Junge wird auch belohnt, mit mehrmaligem Untertauchen - von hinten durch seine Mutter -, bis zum Luftschnappen und Schreien, wo sie ihn dann rettet und das Kind an sich drückt und versorgt.

Der Pool ist rund mit Wellengang auf Knopfdruck, Cocktails, Drinks und Snacks gibt's an der Poolbar, Sam macht sich bekannt, spinnt Netzwerke und freut sich über die klassischen Ausflüge.

Karate Kid in Havanna

Sie übersiedeln bei 30 Grad Hitze nach Havanna, welches immer noch so ein verträumtes Flair wie in den 50er-Jahren besitzt. Der große, weißhaarige Kubaner mit dunkler, faltiger Lederhaut gibt ihr mehrere Früchte von seinem Mango-Baum mit in den Lada, mit dem sie abgeholt werden, dessen Dach geklebt und die Fenster nur halb vorhanden sind.

Lilly bedankt sich für die Freundlichkeit, mit der sie begrüßt und zur neuen Unterkunft gebracht wird, deshalb erzählen Vater und Tochter vertrauensvoll davon, wie schwer es war, diesen Wagen ins Land zu schaffen oder Ersatzteile zu bekommen und von der politischen und wirtschaftlichen Lage im kommunistischen Inselstaat.

Über lange Zeitstrecken war es nicht mal möglich Öl oder Benzin zu bekommen, die Armut ist groß, einzig der Tourismus eine Hoffnung. Die Tochter ist, als sie schwanger wurde, mit ihrem heute Zehnjährigen Sohn, wieder in das Elternhaus, welches eher eine kleine Villa mit sehr hoch eingezäuntem Hinterhof mit Auszugshaus ist, zurückgekommen.

Lilly genießt ein wenig Sams Gesicht, als er in den klapprigen, orangeroten Lada einsteigen soll, doch erwartet ihn ein Kaltgetränk und er ist wieder versöhnt. Im romantischen Hof, wohin man durch ein großes, zweitüriges Holztor kommt, welches die 2,5 Meter hohe Mauer durchlässig macht, wenn man den Trick kennt, um die Tür zu öffnen, blüht ein Gartenparadies an exotischen, pastellfarbenen Blütenpflanzen.

Vereinzelte Steinplatten führen durch den gut bewässerten und üppigen Garten mit altem Baumbestand links zum Haupthaus, wo die Mutter und Großmutter schon warten, lecker Kuchen anbieten und rechts unter einem Ast in Augenhöhe zum kleineren Häuschen, welches eine Spiderman-Bettwäsche für Sam und einen Kippschalter für Warmwasser in der Dusche hat - ganz wie in seinem Lieblingsfilm Karate Kid.

Beide schmunzeln und verstauen ihre Sachen. Das Mückengitter beweist sich nachts von großem Vorteil, doch auch wenn die Tür geschlossen ist, schummeln sich Eidechsen durch den Spalt zwischen Tür und Boden die einem morgens an Zimmerwand und Decke überraschen. Beim Weg zum nächsten Laden fällt ihnen eine lange, rote Mauer mit einem grünen Gitter auf, hinter dem ein breiter Baum in der Mitte des Platzes wächst und herum Kinder in weißen Karate-Anzügen in Reihen stehen, auf Befehl des Meisters ruckartig ihre Bewegungen ausführen - ebenfalls von Kampfrufen begleitet.

Lilly könnte ewig hierbleiben. "Ein wunderbarer Platz.", bedankt sie sich am Ende der letzten der drei Wochen. Als er merkt, dass es ernst wird mit der Heimreise, weil sie sich bereits im schwarzen, britisch wirkenden Taxi zum Flughafen befinden, wird er unruhig und etwas frech. Der Fahrer bleibt kurz stehen, wartet bis Ruhe einkehrt. Sie stellen sich am Check-In mit dem großen Koffer an. Aus heiterem Himmel läuft er weg und schreit bitterlich herum, kommt direkt vor dem unbeeindruckten Security-Hünen zum Stehen und wird am Oberarm gepackt wieder zu Lilly gebracht.

Gewinnertyp in Marmaris

Die Welt befindet sich im Fluch der Karibik-Jahrzehnt. Natürlich wirkt sich das auf das Reise-Wunsch-Programm eines echten Piratenjungen aus. Sie werden mit einem Bus durch die hügelige, grüne, türkische Landschaft bis nach Marmaris, zu ihrem kleinen, aber dafür direkt am Strand liegenden Hotel mit dem, der spanischen Krone gerecht werdenden Namen Isabella gebracht.

Im Zimmer in der zweiten Etage warten ein kleiner Balkon mit Meerblick direkt in den Hafen, der beruhigt von einer Meeresenge von der offenen See beschützt liegt, mit einem Eisengitter zum Badetücher-Aufhängen, zwei Queen-Size-Betten, unter dem der Möchtegern-Pirat auf dem flauschigen Teppich, mit dem das ganze Zimmer ausgelegt ist, einen alten englischen Penny findet. Er lässt die silberne Münze durch die Finger tanzen, wie er es bei Jack Sparrow gesehen hat.

Stück für Stück kommen Lilly und ihr Sohn der Sache näher: Sie haben die Karibik erobert, ein Schiffswrack entdeckt, Aussichten über Buchten kontrolliert, waren mit Piraten auf

Schiffen am offenen Meer, haben Skelette eingesammelt, jetzt fehlt noch eine richtige Festung mit Verteidigungsanlage, um einen Hafen zu beschützen.

"Ich lade dich auf einen Drink ein.", meint der Noch-Besucher eines englischen Kindergartens, der dort regelmäßig das teure Mittagessen in den Schubladen der Kollegen versteckt, wenn es ihm nicht schmeckt. "Und wer bezahlt?", glaubt sie zu wissen, dass es ihre Aufgabe sein wird. Sie lassen den engen Lift links liegen und laufen um die Wette die Treppe runter, mit lautlosen Schritten, weil die ebenfalls mit Teppich bezogen ist, in die erste Etage, wo zum Meer hin mit einer großen Fensterwand und Blick auf die Bucht und Meerenge ein Restaurant und der Frühstücksraum liegen.

"Warte!", ruft ihn Lilly wieder ein paar Treppen hoch. "Bleiben wir gleich hier?". Er sieht den Fensterplatz, richtet sich dort ein, bevor Karten gebracht werden. "Dass Cheff-Platz!", weist sie der türkische Kellner darauf hin, dass es besser wäre, an den Nebentisch, den er gerade eindeckt, zu wechseln. In dem Moment tritt ein Mann zu ihnen, sagt sie sollen doch gerne sitzenbleiben, lässt eine Flasche Wasser mit drei Gläsern bringen und beginnt ein Gespräch, welches dahin führt, dass Samuel die Spielkarten aus seiner Brusttasche zieht, mischt und ausgibt.

Sie spielen um fünf Euro mit Lillys Erlaubnis, die inzwischen einen exotischen Cocktail serviert bekommt und einen Grillteller bestellt. Sie ist gespannt, wie der Kleine reagiert, wenn er verliert, ob er aufhören kann, wenn er gewinnt. Die Kräuterbutter zerfließt überm Grillfleisch, das auf knackfrischem Salat liegt. Sie wartet noch, bis der Geschäftsführer und ihr Sohn fertig sind und einer dem anderen einen blauen Schein über den Tisch schiebt. Ihr Kind packt die Karten auf einen Stapel, steckt die wieder in die Brusttasche, greift zum Geld und lächelt, weil er schon einen Plan hat, sich beim Laden Pringels kauft, mit dem Zwanziger bezahlt.

JUST DO IT.
HKG
NRC
集友銀行

Kolonialstil de Luxe

Ein Helikopter-Geräusch reißt Lilly aus ihrer Shopping-Laune. Das laute Fluggerät landet auf dem Dach des noch weit entfernten Peninsula-Hotels und weckt eine Neugier, die ihre Schritte gleich in diese Richtung lenkt. Ihre Spontanität wird belohnt, als sie vor dem eindrucksvollen Eingangs-Portal mit rundem Springbrunnen, dessen Wasserfontänen beleuchtet zuerst gegen den Himmel hochpreschen, um dann mit lauten Geräuschen wieder zurück ins Becken des schicken Brunnens zu plätschern.

Die breite, geschwungene Auffahrt wird von einem halbmondförmigen Rolls-Royce-Fuhrpark flankiert - neben jedem Wagen steht ein schicker Chauffeur. Sie möchte die Schönheit des Moments dieses Anblickes vor der Hotelfassade im protzigen Kolonialstil festhalten. "Pfff... Hot! Was muss hier ein Zimmer kosten?". Der verführerische Duft historischen Prunks haftet an der farbig beleuchteten, bewässerten Palmenallee, die den Weg zum Eingang schmückt.

Der Luxus vergangener Zeiten, der sich mit

diesem Pracht-Gebäude in die Gegenwart rettet, bringt ihre sensiblen Haarwurzeln am Oberarm und Oberschenkel dazu, sich in eine kribbelnde Gänsehaut unter den Baumwollstoffen, die auf ihrer Haut liegen, zu verwandeln.

Die flimmernde, erhitzte Smok-Luft transformiert direkt nach dem Eintreten durch das großartige Eingangs-Portal mit den riesigen, goldenen Türgriffen, die von einem jungen, freundlichen Mann mit weißen Handschuhen und einem leicht gebeugten Oberkörper und frechem Blick zum Öffnen benützt werden, in angenehm klimatisierte Atmosphäre in einem monströs hohen, ebenfalls palmengeschmückten Innenraum im englischen Stil.

"Das muss der Himmel sein.", ist sich Lilly sicher. Sie will nie wieder woanders sein müssen. "Das ist es. So soll das sein.". Ihre zufriedenen Gedanken, die sie zum Innehalten bringen, werden von den Klängen eines Klaviers begleitet, auf dessen Tasten ein Musiker sein verzauberndes Können darbietet.

Sie wünschte, sie wäre eine der Palmen zwischen den noblen, stilvollen Tischen an denen jeweils vier weich gepolsterte, verschnörkelt aus edlem Holz gearbeitete Sessel stehen, dann müsste sie diesen märchenhaften Platz nie wieder verlassen. Auf manchen der runden Tische stehen Brettspiele aus Edelhölzern, deren Figuren den Händen schmeicheln.

Ein zuvorkommend freundlicher, junger Mann in schicker Uniform tritt auf sie zu und versucht, sie zu unterhalten, bevor er ihr den Zugang zum Luxus-Café anbietet. So viel Charme und Höflichkeit ist Lilly ohne Widerstand und völlig ausgeliefert. Er lässt ihr lange Zeit, bis er an sie herantritt, nicht so tut, als wolle er ihre Wünsche aufnehmen, sondern einfach ruhig und mit Abstand wartet. Sie ordert Tee - wie alle anderen hier. So richtig Tee - in Silber-Kännchen, Gebäck und allem drum herum. Der ganze Tisch ist voll mit ihrer Bestellung. Sie nippt sehr langsam einen Schluck nach dem anderen, während ihre Schuhe auf einem Teppich aus 1001 Nacht stehen.

Miramar-Sinfonie

Eine wundervolle Terrasse mit Blick aufs Meer, köstliche Trüffel-Schaumsuppe, bester Wein weit und breit, nostalgische Schuhputz-Maschinen am Treppenaufgang, stimmungsvolle Abende in der Piano-Bar, kleine, warme, weiße Stoffhandtücher an den Waschbecken, superkorrektes und zuvorkommendes Service-Personal, ein weißhaariger Inhaber, der mehrmals wöchentlich mit verschiedenen Oldtimern für Abwechslung am Parkplatz vorm eleganten Haus sorgt, hyperstylische, türkisblaue Ferraris, palastartige Rolls-Royce-Schlachtschiffe der Gäste, der Kofferjunge mit klassischem Messing-Transportwagen, die warm schimmernde Hausfassade im orange-roten Abendlicht des Wolken-Spieles beim Sonnenuntergang – für all diese Vorzüge ist das Miramar bekannt.

"Hey. Das hat ein Österreicher gebaut." ruft Lilly ihrem Sohn zu, bevor der mit anderen Kindern die trockenen Sandinseln, die bei Ebbe entstehen, erobert. Lilly guckt auf das große Gebäude und überlegt, wie es hier an diesen entlegenen Sandhaufen in der Nordsee, an die oberste Ecke

Deutschlands hinkommt. Sie sucht sich ein halbwegs glattes Plätzchen in unmittelbarer Nähe zum leicht rauschenden Wasser, sodass sie ihre Zehenspitzen ins Nasse halten kann.

Ebbe ist ein tägliches Naturschauspiel, die Kleinen sind begeistert, dann sind auch die Eltern glücklich. Die Sonne macht den Sommertag zum absoluten Highlight, das Meer liegt ausnahmsweise ruhig und das sind die Tage, wo die Wasseroberfläche ein magisches Glitzern und Funkeln entwickelt und bis zum Sonnenuntergang beibehält. Wolkenfrei spiegelt sich der hellblaue Himmel im Ozean und steigert den X-Faktor der Ebbe in paradiesische Momente.

Es ist dieser Himmel-küsst-Wasser-Effekt, wo man sich als Mensch dazwischen, wie in einer magischen Geisterwelt direkt neben anderen Göttern am Olymp zu sitzen glaubt. Fehlt nur noch, dass sich die flauschigen Badetücher, mitsamt der sonnenhuldigenden, fast nackter Körper, wie fliegende Teppiche durch die warme Luft in den blauen Himmel erheben.

Man kennt sich, lässt sich aber gegenseitig den traumhaften Tag genießen, hält genug Abstand, sodass sich jeder seinem eigenen, entspannenden Schlendrian hingeben kann. Das Meer und die Natur sind der beste Babysitter für Kinder. Sie finden sich immer was zu tun, können sich stundenlang allein beschäftigen, fühlen sich in der Wärme und am Wasser geborgen.

"Life is a Beach", tippt Lilly unter die schnell geknipste Abbildung dieses Paradieses, wo selbst die sonst so aktiven Möwen sich am Wasser hin- und herschaukeln lassen, zwischen ballwerfenden, glücklichen Badenden, bevor sie ihre Liebsten übers Handy daran teilhaben lässt.

Sich am Strand der Länge nach, flach auszustrecken und zuzulassen, dass sich der Körper in der Sonne aufheizt und mit Vitamin D auflädt, kann Lilly sehr genießen. Seit mehr als 120 Jahren blickt das Grand-Hotel Miramar auf Badegäste, die sich hier mit purer Lebensfreude auftanken.

SWEDISH SUMMER
WAFFLE
WITH
ICE CREAM
WHIPPED CREAM
&
FRESH STRAWBERRIES

Das kommt mir schwedisch vor

Sich lang gehegte Wünsche zu erfüllen, führt zu besonderen Glücksgefühlen. Stockholm-Träume gibt es schon länger, endlich ist es soweit. Es geht durch Deutschland und Dänemark, fünf Stunden durch Schweden bis Stockholm. First Class dieses Mal die ganze Linie: Die Strecke von Westerland nach Niebüll und Hamburg zeichnet sich durch wenig Unterschied von 2. zu 1. Klasse aus. Im IC wird es wesentlich besser, aber eigentlich auch erst in Dänemark und das schwedische Luxus-Gleis-Fahrgerät erfüllt alle Erwartungen.

In Malmö wird der Reisepass kontrolliert, die Schienen laufen über eine Mega-Brücke, die sprachlos macht. Die Fahrt durch schwedische Provinz regt zum Nachdenken an, wo sie sich da jetzt überhaupt befinden und wie sie reagieren würde, wenn es zu einem Stillstand der Bahn käme - in dieser endlosen Einschicht. "Zum Glück fühlt man sich in diesem Waggon wie in einem High-Speed-Sicherheitsbunker."

In Stockholm ist gleich mal alles anders. Dies scheint eine eigene Welt für sich zu sein. Alles ist größer und weiter, moderner, überall gibt es diese gelb-blauen Wikinger-, Pippi Langstrumpf und Elch-Souvenirs. Zuerst stehen wir vor - in Dreierreihen - organisierten Taxis, wo wir eine Nummer ziehen müssen. Wir nehmen den faszinierenden Tesla und sind alle happy. Der Fahrer spricht Deutsch, was ihr nicht sehr schwedisch vorkommt und bringt uns fix zum Hotel. Als sie mit Bargeld zahlen will, ist er sehr überrascht, denn dies passiert ihm etwa einmal im Monat.

Es gibt auch im Taxi EC-Geräte. "Bald zahlen wir mit implantierten Chips, von denen unsere Zeit abläuft, wie in diesem Movie.". Sie steigt bei einem, zum Hotel umgebauten Schiff aus, das im idyllischen, Lichtermeer-Hafen mitten in der Altstadt liegt, auf den Wellen umgeben von den, sich im dunklen Wasser spiegelnden Lichterglanz, ruhig vor sich hin schaukelt. Es sollte eine Überraschung sein und die ist auch gelungen.

Freudig bezieht der Junge die Kajüte und hat seinen Spaß mit dem Stockbett und einem Bullauge, dass den Blick auf die schwarze, nächtliche Wasseroberfläche freigibt. Man hat das Gefühl, das Wasser steht einem bis zur Brust, aber das

Wanken ist erträglich, auch ohne Folgen beim morgendlichen Landgang.

Dieser führt zuerst zum Sky View, um schon mal aus diesen Höhen einen abenteuerlichen Überblick zu gewinnen, gefolgt vom Königschloss, das einem auch den ganzen Tag gefangen halten könnte. Es gibt ein Asien Museum mit einer Ausstellung zur Entstehung des Buchdrucks, ein sehr lebendiges Europa-Museum, ein Comic Museum, welches wenig von den herkömmlichen amerikanischen Figuren geprägt ist, weil die Schweden einfach ihre eigenen erfunden haben.

Weiters durchlaufen sie das eindrucksvolle Museum für Moderne Kunst und halten bei der Anhöhe mit Rundum-Sicht über den Fluss und die Lichter Stockholms lange an. Nach einem heißen Imbiss im Park, gönnen sie sich die kunstvollen, unterirdischen U-Bahn-Stationen und würden es noch lange hier aushalten.

Daniela Neuwirth

Seit 2014 auf Sylt/D.; Beachaddict! Als Journalistin Interviews & Pressefotos Sylt/ Hongkong/ Linz/ Indien; Dipl. Lebens- & Sozialberaterin/-pädagogin, J.-Kepler-Uni/Ö. (Marketing+Finanz); 4 Kinder; USA-Aufenthalt, Married in der Mojave-Wüste. Mit 18: Rom + Perugia/I.; Jugend-Sommer in Istrien; Eine junge Mutter & eine tolle Schwester! Big Family, viele Cousinen & Cousins. Natur+Tiere; Geb. im Mai 1972 in Wels/Ö. (als Steiner). WEB: www.frauenthema.jimdofree.com. BLOGS: www.sylt-times.jimdofree.com, www.danielaneuwirth.jimdofree.com, www.modern-family.jimdofree.com.

Alle Storys von Daniela Neuwirth zu finden auf

www.story.one

Viele Menschen haben einen großen Traum: zumindest einmal in ihrem Leben ein Buch zu veröffentlichen. Bisher konnten sich nur wenige Auserwählte diesen Traum erfüllen. Gerade einmal 1 Million publizierte Autoren gibt es derzeit auf der Welt - das sind 0,013% der Weltbevölkerung.

Wie publiziert man ein eigenes story.one Buch?

Alles, was benötigt wird, ist ein (kostenloser) Account auf story.one. Ein Buch besteht aus zumindest 15 Geschichten, die auf story.one veröffentlicht werden. Diese lassen sich anschließend mit ein paar Mausklicks zu einem Buch anordnen, das sodann bestellt werden kann. Jedes Buch erhält eine individuelle ISBN, über die es weltweit bestellbar ist.

Auch in dir steckt ein Buch.

Lass es uns gemeinsam rausholen. Jede lange Reise beginnt mit dem ersten Schritt - und jedes Buch mit der ersten Story.

#livetotell

CPSIA information can be obtained
at www.ICGtesting.com
Printed in the USA
LVHW081947110621
689903LV00009B/913